Papa Francisco

Encontro de *Natal*

Encontro de Natal

O Natal é um encontro.
Nós caminhamos
para encontrar o Senhor.
Caminhamos para encontrá-lo:
encontrá-lo com o coração, com a vida;
encontrá-lo vivo, como ele é;
encontrá-lo com fé.
Encontrá-lo e sentir a alegria
de também sermos encontrados por ele.

A ternura de Deus

Hoje nasceu o Salvador,
que é o Cristo Senhor.
Coloquemo-nos diante
do Menino de Belém.
Deixemos que o nosso
coração se comova:
deixemos que ele se aqueça
com a ternura de Deus;
temos necessidade de seu carinho.
O carinho de Deus não magoa;
o carinho de Deus nos dá paz e força.
Precisamos de seu carinho.

Amados por Deus

No Natal partilhamos a alegria do Evangelho:
Deus nos ama, e nos ama tanto
que entregou o seu Filho como nosso irmão,
como luz em meio às trevas.
O Senhor nos diz: "Não tenham medo".
Da mesma forma,
os anjos disseram aos pastores:
"Não tenham medo".
Eu igualmente repito:
"Não tenham medo!
O nosso Pai é paciente,
nos ama, nos dá Jesus a fim de nos guiar
no caminho rumo à terra prometida".

Palavras de ternura

O Natal é uma festa
na qual é importante
redescobrir o silêncio
para entrar em sintonia
com a musicalidade da linguagem
com a qual o Senhor nos fala.
Uma linguagem semelhante
à de um pai ou de uma mãe,
que nos tranquiliza,
nos enche de amor e de ternura...
"Não tenha medo, estou com você!"

Com olhos límpidos

Preciso ter um coração aberto,
para que o Senhor me encontre!
E ele me dirá aquilo que quer dizer
exatamente a mim,
pois ele não nos vê
como uma pessoa qualquer.
Ele olha nos olhos e no rosto
de cada um de nós,
porque o seu amor
não é abstrato:
é um amor concreto!

Dedicado à caridade

No caminho rumo ao Natal,
algumas atitudes podem nos ajudar:
a perseverança na oração –
rezando mais;
a caridade fraterna –
ajudando às pessoas necessitadas;
e a alegria no louvor a Deus –
agradecendo suas bênçãos.
A oração, a caridade e o louvor,
de coração aberto,
fazem com que o Senhor nos encontre.

Dados Internacionais de Catalogação na Publicação (CIP)
(Câmara Brasileira do Livro, SP, Brasil)

Francisco, Papa
  Encontro de Natal / Papa Francisco ; tradução Leonilda Menossi. – São Paulo : Paulinas, 2014. – (Coleção fé e anúncio)

  Título original: Papa Francesco : incontro di Natale.
  ISBN 978-85-356-3824-0

  1. Francisco, Papa, 1936- 2. Natal - Mensagens 3. Vida cristã I. Sala, Renzo. II. Título. III. Série.

14-08564   CDD-248.4

Índice para catálogo sistemático:
1. Mensagens : Vida cristã : Cristianismo   248.4

Título original da obra: *Papa Francesco: Incontro di Natale*
© 2014 Edizioni San Paolo, s.r.l. - Piazza Soncino, 5 - 20092 Cinisello Balsamo (Milano) - www.edizionisanpaolo.it
© 2014 Libreria Editrice Vaticana - 00120 Città del Vaticano - www.libreriaeditricevaticana.com

1ª edição – 2014
3ª reimpressão – 2019

Direção-geral: *Bernadete Boff*
Editora responsável: *Andréia Schweitzer*
Seleção e organização dos textos: *Renzo Sala*
Tradução: *Leonilda Menossi*
Copidesque: *Ana Cecilia Mari*
Coordenação de revisão: *Marina Mendonça*
Revisão: *Sandra Sinzato*
Gerente de produção: *Felício Calegaro Neto*
Diagramação: *Manuel Rebelato Miramontes*

Nenhuma parte desta obra poderá ser reproduzida ou transmitida por qualquer forma e/ou quaisquer meios (eletrônico ou mecânico, incluindo fotocópia e gravação) ou arquivada em qualquer sistema ou banco de dados sem permissão escrita da Editora. Direitos reservados.

Paulinas

Rua Dona Inácia Uchoa, 62
04110-020 – São Paulo – SP (Brasil)
Tel.: (11) 2125-3500
http://www.paulinas.com.br – editora@paulinas.com.br
Telemarketing e SAC: 0800-7010081

© Pia Sociedade Filhas de São Paulo – São Paulo, 2014